COLLECTION XX

FUER MEINEN EHEMANN

AUTORIN: TANJA M. FEILER

BILDER: TANJA M. FEILER

COVER: TANJA M. FEILER

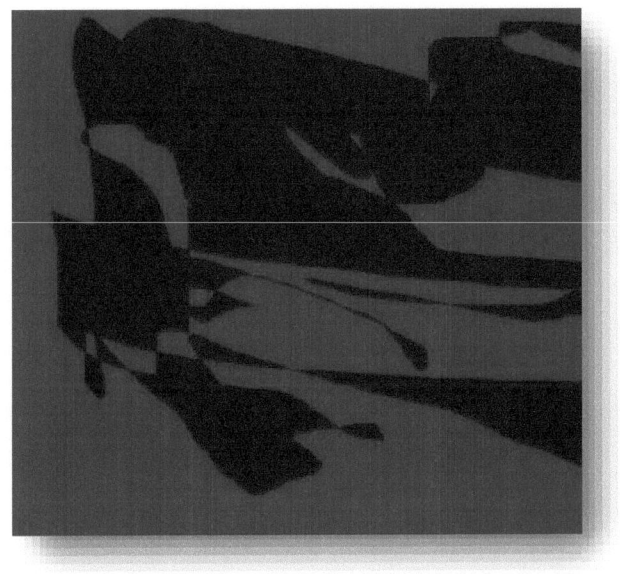

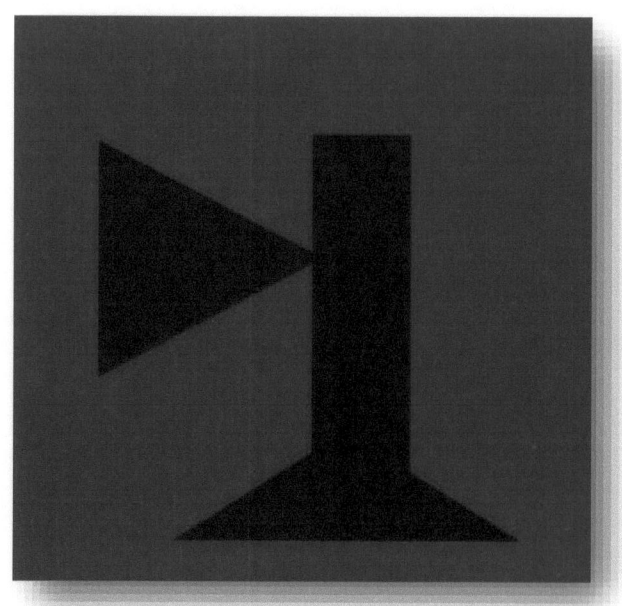

KEIN MENSCH MUSS ERST ZAHLEN, UM ETWAS ZU VERDIENEN!

Trading ist Handel an der Börse. Bitcoin ist ein weltweit verfügbares Zahlungssystem und der Name einer virtuellen Geldeinheit. Beim Social Trading (gemeinschaftlicher Börsenhandel) veröffentlichen Anleger ihre Meinungen zu Wertpapieren in sozialen Netzwerken und anderen Plattformen, so dass es für andere Anleger möglich ist, diese einsehen, kommentieren und mit eigenem Vermögen nachbilden können. Fangen Sie einfach an, versuchen Sie es. Sie können dabei arbeiten, wenn Sie Lust dazu haben. Der gesunde Menschenverstand sagt einem, dass niemand erst etwas investieren muss, um etwas zu verdienen. Das ist nicht nötig. Also: Machen Sie mit!

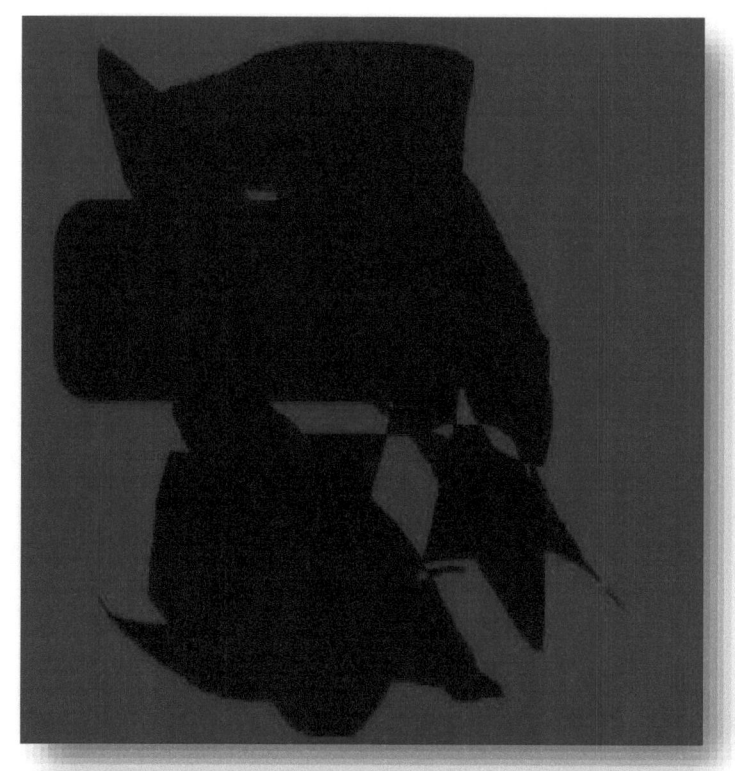

GRAFIK SCHAFFT

...durch die Auswahl der Farben, des Designs ein zentrales Thema.

...angereichert mit Text etwas ganz Neues.

...durch sich wiederholende Strukturen eine Richtung

...Bewegung

...durch die Wahl der literarischen Richtung des Textes Dynamik

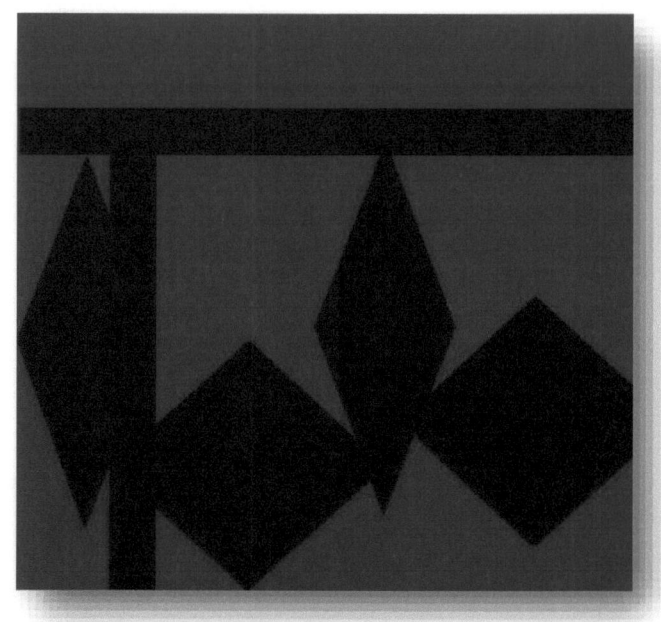

Es ist nicht allein

der Reim

der die Lyrik bestimmt

Poesie mit Kunst zusammen

Wird einen Bogen spannen

Der Pfeil ist das Design

Ausschlaggebend für den Reim

Die XXXXX Collection

Sitzend auf einem Thron

Aus Schrift und Zeichen

Wird der Farbe nicht weichen

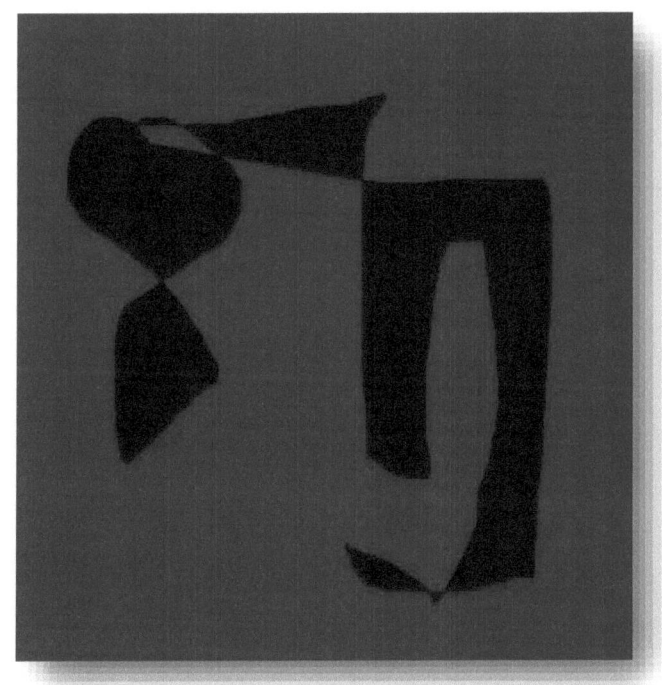

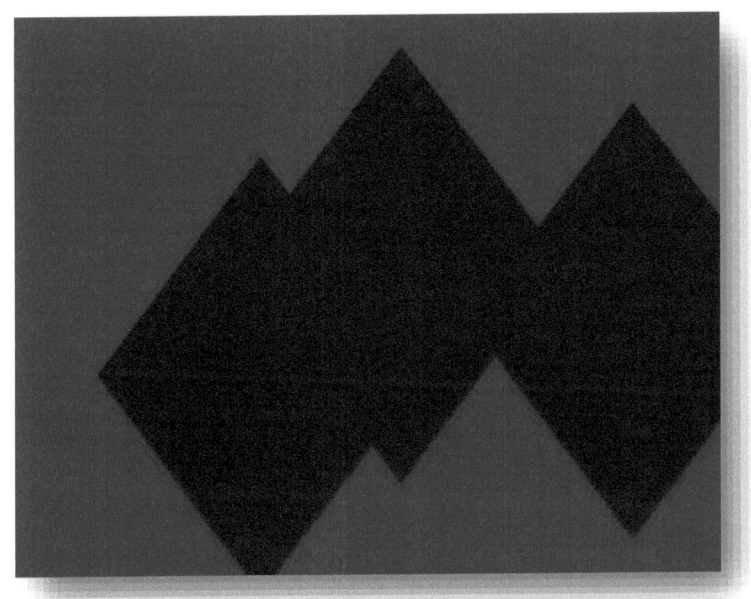

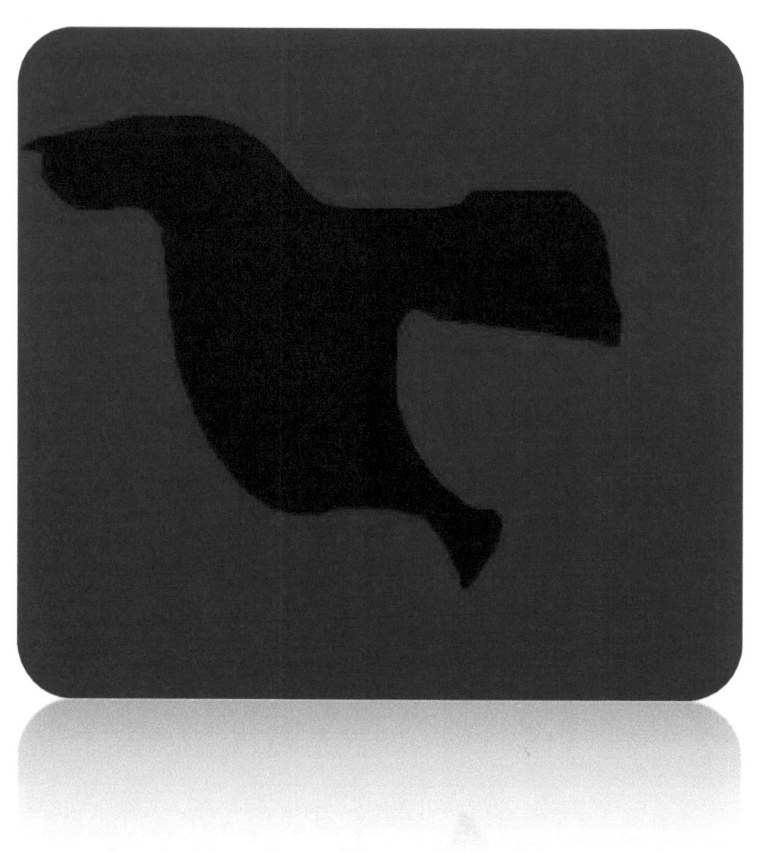

Besonders Danke ich meinem Mann